Acerca de los tiburones

Existen unos 350 diferentes tipos de tiburones. Se encuentran en todos los océanos del mundo. El tiburón más pequeño mide sólo entre ocho y diez pulgadas de largo. El tiburón más grande puede medir hasta cincuenta pies de largo.

◀ **Tiburón zorro (foto superior), tiburón coral gris (centro), Bebé de tiburón bambú (inferior)**

Con frecuencia se piensa que los tiburones son asesinos. Pero sólo treinta y dos tipos de tiburones han atacado a los seres humanos. En realidad, los ataques de tiburones ocurren 1,000 veces menos que los ataques de perros.

◄ Buceador con tiburón de puntas blancas (foto superior), tiburón de puntas blancas (centro), y tiburón coral gris (foto inferior)

Tiburón ballena

El tiburón ballena es el pez más grande del océano. Vive en las aguas cerca de **la línea ecuatorial**. Los tiburones ballenas se alimentan de **plánctones**. Pueden llegar a pesar hasta trece **toneladas**.

◀ Tiburón ballena (Inserción: Buceador con tiburón ballena)

Tiburón oceánico

Al tiburón oceánico le gusta nadar alrededor de los **arrecifes dé coral**. Tiene una aleta **dorsal** de punta blanca. El tiburón oceánico es un animal **tímido** que generalmente permanece alejado de los bañistas.

◀ Tiburón oceánico

Tiburón macuira

El tiburón macuira nada muy rápido. Puede **arrojar** su cuerpo entero fuera del agua. El tiburón macuira es **peligroso** para los nadadores.

◄ Tiburón macuira

Tiburón de puntas blancas

El tiburón de puntas blancas nada en aguas profundas cerca de las islas y los arrecifes de coral. Las puntas de sus **aletas pectorales** son de color blanco plateado. El tiburón de puntas blancas no come carne humana, pero los buceadores deben tener cuidado cuando éste está cerca.

◀ **Tiburón de puntas blancas**

Tiburón nodriza

El tiburón nodriza caza su alimento entre
los hoyos de las rocas. Cubre un hoyo
con la boca. Entonces el tiburón absorbe
su **presa**. Los palpos alrededor de la boca
le ayudan a sentir su alimento.

◀ Tiburones nodrizas

Tiburón sedoso

El tiburón sedoso es **liso** y curioso. Come otros peces pero no ataca a los buceadores. Pare hasta doce crías a la vez.

◀ Buceador con tiburón sedoso (Inserción: Tiburón sedoso)

Tiburón zorro

El tiburón zorro nada en aguas profundas. Tiene una **aleta caudal** gigante. Usa esta aleta para aturdir y matar a su presa.

Tiburones zorros

Tollo leopardo

El tollo leopardo es un nadador fuerte. Se alimenta principalmente de almejas, cangrejos y camarones. No es peligroso para los seres humanos.

◀ Tollo leopardo

Tiburón martillo

El tiburón martillo usa órganos sensoriales en su cabeza para encontrar su alimento. El tiburón martillo cornudilla puede ser peligroso para los seres humanos. Es de los pocos tiburones que nadan en **cardúmenes**.

◀ Tiburones martillos

Glosario

aleta caudal: Una aleta cerca de la cola del pez.
aleta dorsal: Una sola aleta en el lomo del pez.
aletas pectorales: Pares de aletas situadas a los costados del pez.
arrecifes de coral: Rocas o bancos de coral y minerales.
arrojar: Elevar.
cardúmenes: Grupo numeroso de peces que nadan juntos.
línea ecuatorial: Una línea imaginaria alrededor de la Tierra que la divide en dos partes.
liso: Alargado y brillante.
peligroso: Que tiene peligro o que puede causar daño.
plánctones: Conjunto de pequeños organismos animales o vegetales que flotan o se mueven en el agua y que otros animales comen.
presa: Animales que otros animales cazan y comen.
tímido: Asustadizo; temeroso.
toneladas: Una tonelada es una unidad de peso que equivale a mil kilogramos; tonelada métrica.

Índice

Tiburones

Contenido

Escrito por Stanley L. Swartz
Fotografía de Robert Yin

Dominie Press, Inc.